la madriguera

EN EL DESIERTO

Carmela Trujillo • Mercè Galí

COMBEL

Estamos dentro de una madriguera.
Una madriguera en el desierto.
Una madriguera con varias entradas...
¡para poder huir de los enemigos!

Hay túneles.
Túneles largos.
Túneles que dan muchas vueltas...
para la huida, también.

¿Y quién vive aquí, en esta madriguera?

Pues vive un animal **muy pequeño.**

¿Una hormiga?
No, más grande.

¿Una lombriz?
No, más grande.

¿Un escorpión?
¡Nooo!

Te daré más pistas:

es un animal
con **grandes orejas.**

¿Un perro Beagle?
¡No, los perros
no viven en madrigueras!

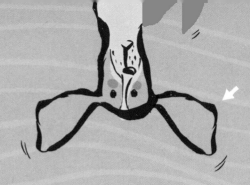

¿Una liebre?
No.

¿Un elefante?
¿Cómo que un elefante?
Tiene las orejas enormes, ¿no?
Pues no, no es un elefante.

Es un animal que tiene
una **larga cola** y...

¿Es un lagarto?
No.

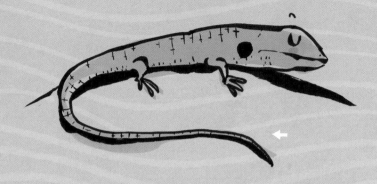

¿Un mono?
No.

¿Un ratón?
No.

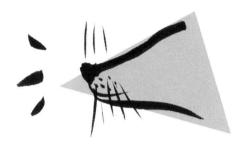

... y tiene
un **hocico muy puntiagudo.**

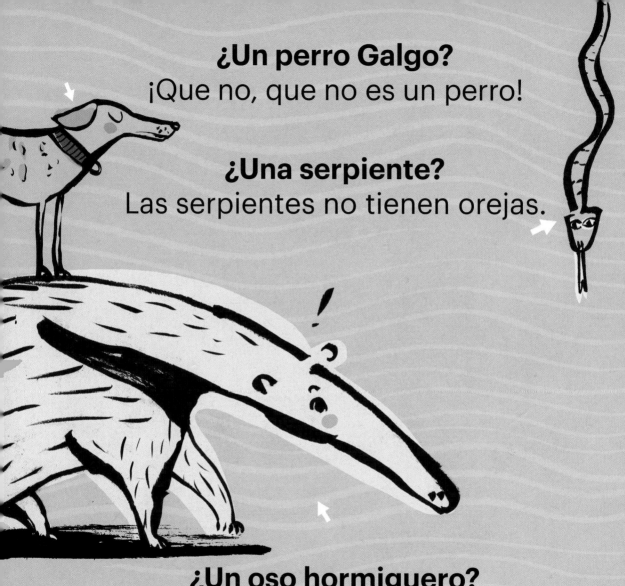

¿Un perro Galgo?
¡Que no, que no es un perro!

¿Una serpiente?
Las serpientes no tienen orejas.

¿Un oso hormiguero?
¡Qué va!

En esta **madriguera**
del desierto vive un animal
de **grandes orejas.**
De **larga cola.**
Con un **hocico puntiagudo.**
Y también tiene
el **pelo muy suave.**

¿Un perro Golden Retriever?
¡Pero bueno! ¿Otra vez un perro? No.

¿Un gato? ¿Cualquier gato?
No.

¿Un león?
Seguro que su melena es muy suave y...
No.

Una pista más:

tiene la **piel gruesa
en las plantas de los pies,**
para no quemarse con la arena del desierto.

¿Una cabra?
No.

¿Un caballo?
No.

¿Una jirafa?
Ay, no...

Bueno, entonces, ¿qué animal es?

Pues el animal
que vive en el **desierto,**
en esta **MADRIGUERA**
con muchos túneles,
que tiene unas **GRANDES** orejas,
una **LARGA** cola,
un hocico **PUNTIAGUDO,**
el pelo **SUAVE**
y la piel **GRUESA**
en la planta de los pies
es...

¡Este zorrito del desierto!

Mi ÁLBUM

***

EN MARZO, RECIÉN NACIDO,
CON MIS HERMANOS

DURMIENDO

TOMANDO LECHE DE MAMÁ

DE CAZA...

JUGANDO CON LOS AMIGOS

DE PASEO POR EL DESIERTO

¿QUIERES CONOCERME UN POCO MÁS?